488488

ciclo de vida de la rana

# Ciclo de vida de
# La rana

## Angela Royston

### Traducción de Patricia Abello

Heinemann Library
Chicago, Illinois

Customer Service  888-454-2279
Visit our website at www.heinemannlibrary.com

Designed by Celia Floyd
Illustrations by Alan Fraser
Printed and bound in the United States by Lake Book Manufacturing, Inc.

07 06 05 04 03
10 9 8 7 6 5 4 3 2 1

**Library of Congress Cataloging-in-Publication Data**
Royston, Angela.
 [Life cycle of a frog. Spanish]
 Ciclo de vida de la rana / Angela Royston ; traducción de Patricia Abello.
  p. cm.
 Summary: An introduction to the life cycle of a frog from the time it is a tiny egg laid in
Water until it is two years old.
 Includes bibliographical references (p. ) and index.
 ISBN 1-4034-3015-2 (HC)—ISBN 1-4034-3038-1 (pbk.)
1. Frogs—Life cycles—Juvenile literature. [1. Frogs. 2. Spanish language materials.] I.
Title: Rana. II. Title.
QL668.E2 R65618 2003
597.89—dc21

                                                    2002038806

**Acknowledgments**
The author and publishers are grateful to the following for permission to reproduce copyright
material: Bruce Coleman/Hans Reinhard, p. 21; Bruce Coleman/Jane Burton, p.14; Bruce
Coleman/Kim Taylor, pp. 20, 23; Bruce Coleman/William S. Paton, p. 22; Natural Science
Photos/O. C. Roura, p. 13; Natural Science Photos/Richard Revels, pp. 6, 11; Natural Science
Photos/Ward, p. 18; NHPA/David Woodfall, p. 27; NHPA/G. I. Bernard, p. 15; NHPA/Melvin
Grey, p. 26; NHPA/Stephen Dalton, p. 4; OSF pp. 5, 10; OSF/David Thompson, p. 9; OSF/G. I.
Bernard, pp. 7, 16, 24; OSF/Paul Franklin, pp. 8, 12, 17; OSF/Stephen Dalton, p. 19; OSF/Terry
Heathcote, p. 25.

Cover photograph: Colin Varndell/Bruce Coleman

Unas palabras están en negrita, **así.** Encontrarás
el significado de esas palabras en el glosario.

# Contenido

# Así es la rana

Hay muchos tipos de ranas en el mundo. Esta rana vive en los árboles. Otras ranas viven en los **pantanos.** Todas las ranas viven cerca del agua.

1 día

1 semana

2 semanas

5 semanas

Las ranas son anfibios. Eso significa
que pasan parte de su vida en el
agua y parte en la tierra. La rana
de este libro es una rana común.

12 semanas

14 semanas

6 a 12 meses

2 años

# Una masa de huevos

La vida de la rana comienza como un huevito puesto en el agua. Estas ranas acaban de poner masas de huevos en una charca.

1 día     1 semana     2 semanas     5 semanas

Los huevos se pegan en una bola gelatinosa. El punto negro que se ve dentro de cada huevo es un renacuajo diminuto.

12 semanas     14 semanas     6 a 12 meses     2 años

# Salida del huevo

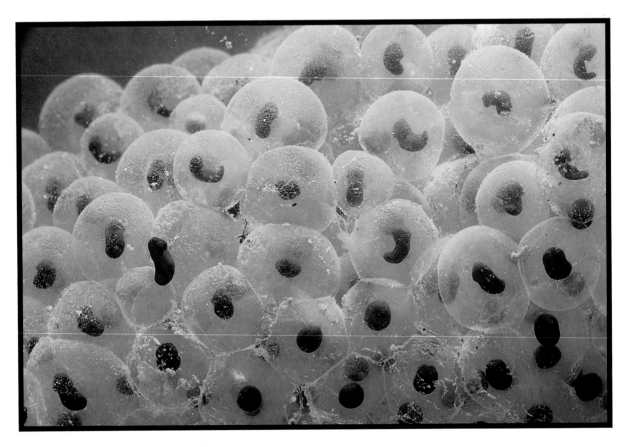

Aunque los peces y otros animales se comen los huevos, cientos sobreviven. Los renacuajos van creciendo cada vez más dentro de los huevos.

1 día      1 semana      2 semanas      5 semanas

Un día los renacuajos salen de los
huevos. Se quedan pegados a la
masa de huevos hasta que la cola
les crece y pueden nadar.

12 semanas    14 semanas    6 a 12 meses    2 años

# Renacuajo 1 a 4 semanas

branquias

Las **branquias** toman **oxígeno** y así el renacuajo puede respirar dentro del agua. Cuando el renacuajo se transforme en rana las branquias desaparecerán.

1 día    1 semana    2 semanas    5 semanas

A muchos renacuajos se los comen
los insectos acuáticos y otros animales.
Los que sobreviven se alimentan
de plantas y se van haciendo más
grandes y más fuertes.

12 semanas          14 semanas          6 a 12 meses          2 años

patas traseras

**12**

El renacuajo comienza a transformarse en rana. Las patas traseras crecen primero.

1 día  1 semana  2 semanas  5 semanas

Al renacuajo le salen **pulmones.** Ahora el renacuajo nada hacia la superficie del agua para tomar **oxígeno** del aire.

13

12 semanas     14 semanas     6 a 12 meses     2 años

# 5 a 12 semanas

saquillos de las branquias

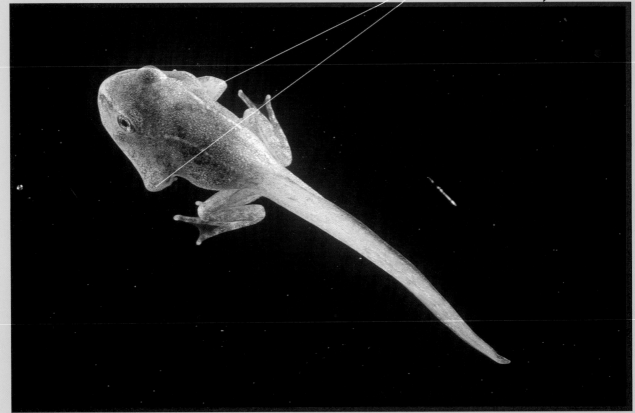

Las patas delanteras del renacuajo están creciendo dentro de los saquillos de las **branquias.** Los saquillos ahora están abultados. Muy pronto saldrán las patas.

| 1 día | 1 semana | 2 semanas | 5 semanas |

pulgas de agua

El renacuajo todavía usa su larga
cola para nadar entre las plantas.
Con su ancha boca atrapa pulgas
de agua y se las come.

| 12 semanas | 14 semanas | 6 a 12 meses | 2 años |

# Ranita        12 semanas

¡El renacuajo ya casi es una ranita!
La cola es más corta. Ahora nada
con las largas patas traseras y los
**dedos palmeados.**

1 día          1 semana          2 semanas          5 semanas

La ranita ya no tiene cola. Sale
del agua y trepa a una hoja. Mira
a su alrededor y está pendiente de
cualquier ruido que indique peligro.

12 semanas  14 semanas 6 a 12 meses 2 años

Las ranitas pasan tiempo fuera
de la charca. Se posan en lirios.
Se esconden debajo de hojas
y piedras.

1 día    1 semana    2 semanas    5 semanas

La piel de la ranita es muy delgada
y no se debe secar. La ranita
vuelve a zambullirse en la charca
para mojarse.

12 semanas    14 semanas    6 a 12 meses    2 años

# Rana

La rana tiene hambre. Se queda muy quieta y espera. Saca su larga y pegajosa lengua y atrapa un insecto.

1 día          1 semana          2 semanas          5 semanas

Esta serpiente es un depredador.
La rana la oye deslizarse por el
suelo en su dirección. Se echa
rápido a la charca.

12 semanas          14 semanas          6 a 12 meses          2 años

El invierno llega y hace mucho frío.
La rana busca un agujero en la
orilla donde pueda protegerse del
frío. Allí **hibernará.**

1 día     1 semana     2 semanas     5 semanas

En la primavera se despierta con
mucha hambre. Sale del agujero
y se va a buscar alimento.

12 semanas          14 semanas          6 a 12 meses          2 años

# Apareamiento

## 2 años

Ha pasado otro año y el cuerpo de la rana tiene muchos huevos. Los machos están croando en la charca. La hembra salta hacia ellos.

1 día　　　1 semana　　　2 semanas　　　5 semanas

Un macho
se agarra
al cuerpo de
la hembra y
se **aparean.**
Después
la hembra
pondrá una
masa de
huevos.

12 semanas

14 semanas

6 a 12 meses

2 años

# La vida en la charca

La vida de una rana es peligrosa. Las aves, los peces y otros comen huevos, renacuajos y ranas. Sólo unos cuantos huevos llegarán a ser ranas adultas. Las ranas viven hasta 10 años.

26

1 día

1 semana

2 semanas

5 semanas

Cada primavera, las ranas adultas
regresan a la charca donde
nacieron. Allí se **aparean** y ponen
miles de huevos.

12 semanas    14 semanas    6 a 12 meses    2 años

# Ciclo de vida

## Huevos de rana

**1**

## Salida del huevo

**2**

## Renacuajo

**3**

## Renacuajo

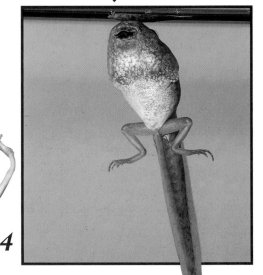

**4**

## Renacuajo

5

## Ranita

6

## Ranita

7

## Apareamiento

8

29

# Datos de interés

Una rana puede saltar más de 10 pies, así que podría saltar desde los pies de tu cama más allá de la cabecera.

Las ranas pueden respirar a través de la piel y por la boca.

Cuando una rana sale del agua por primera vez, es más o menos del tamaño de la uña de tu pulgar.

La rana más grande que existe es la rana goliat. Vive en África. Es tan grande que puede comer pájaros pequeños y ratones.

# Glosario

**aparearse** cuando un macho
y una hembra se unen para
tener cría

**branquias** parte del cuerpo que
sirve para respirar en el agua

**dedos palmeados** dedos unidos
por una capa de piel estirada

**hibernar** descansar o dormir
todo el invierno

**oxígeno** gas que necesitan
los seres vivos para vivir

**pantano** terreno húmedo
y fangoso

**pulmones** parte del cuerpo
que sirve para respirar el aire

# Más libros para leer

Un lector bilingüe puede ayudarte a leer estos libros:

Butterworth, Christine. *Frogs.* Chatham, N.J.: Raintree Steck-Vaughn, 1990.

Clarke, Barry. *Amazing Frogs & Toads.* New York: Crabtree Publishing Co,. 1994.

Kalman, Bobbie & Tammy Everts. *Frogs & Toads.* New York: Crabtree Publishing Co., 1994.

# Índice